PATRONS & EMPLOYÉS

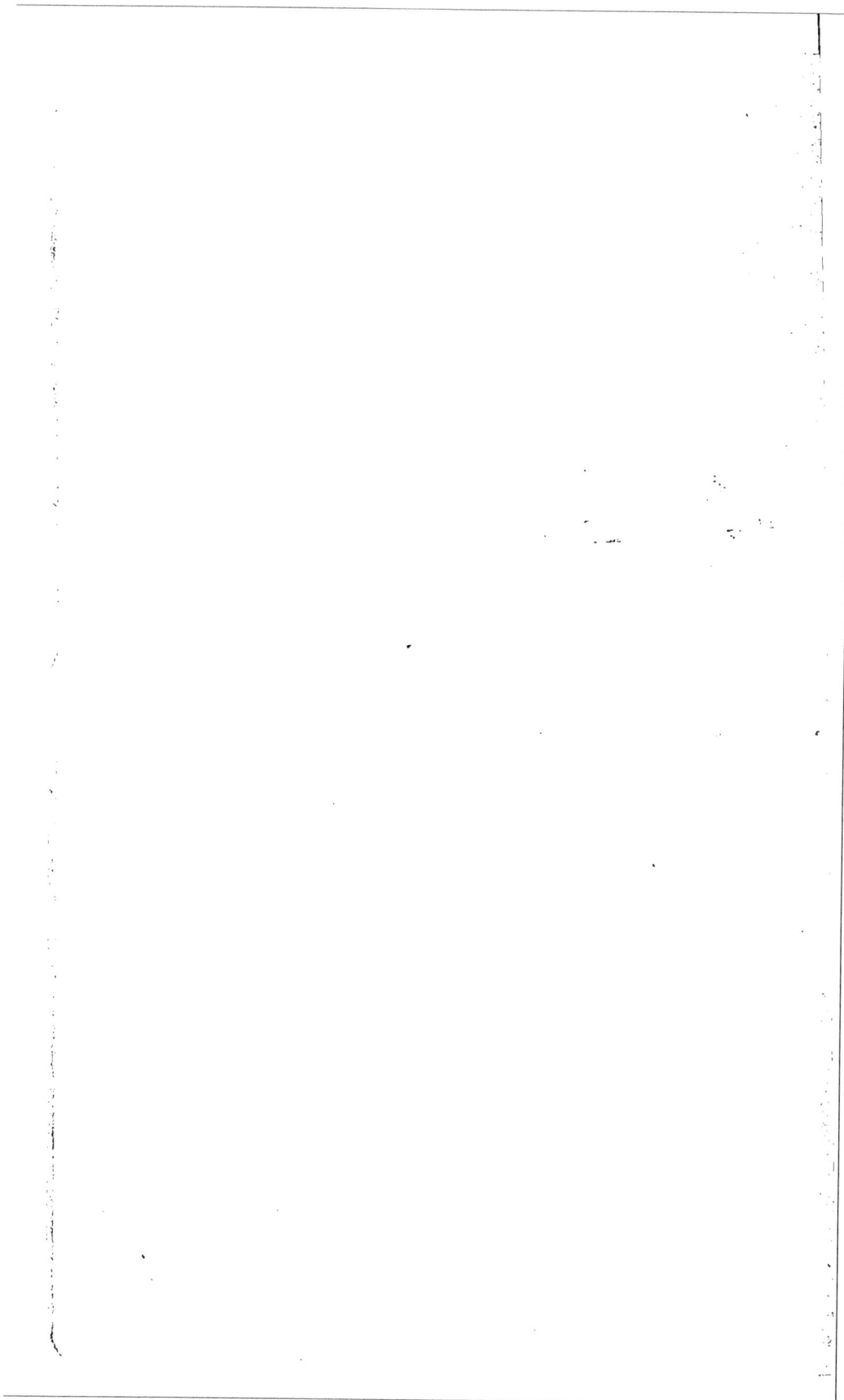

PATRONS & EMPLOYÉS

RUPTURE AMIABLE

DU CONTRAT DE LOUAGE DE SERVICES

PRIVILÈGE DES EMPLOYÉS

EN CAS DE FAILLITES OU LIQUIDATIONS JUDICIAIRES

PAR

GUSTAVE NAQUET

Ancien Président du Tribunal de Commerce d'Avignon

PRIX : UN FRANC

PARIS

LIBRAIRIE DE LA SOCIÉTÉ DU RECUEIL GÉNÉRAL DES LOIS ET DES ARRÊTS

FONDÉ PAR J.-B. SIREY, ET DU JOURNAL DU PALAIS

Ancienne Maison LAROSE et FORCEL

22, Rue Soufflot, 22

L. LAROSE, Directeur de la Librairie

—

1899

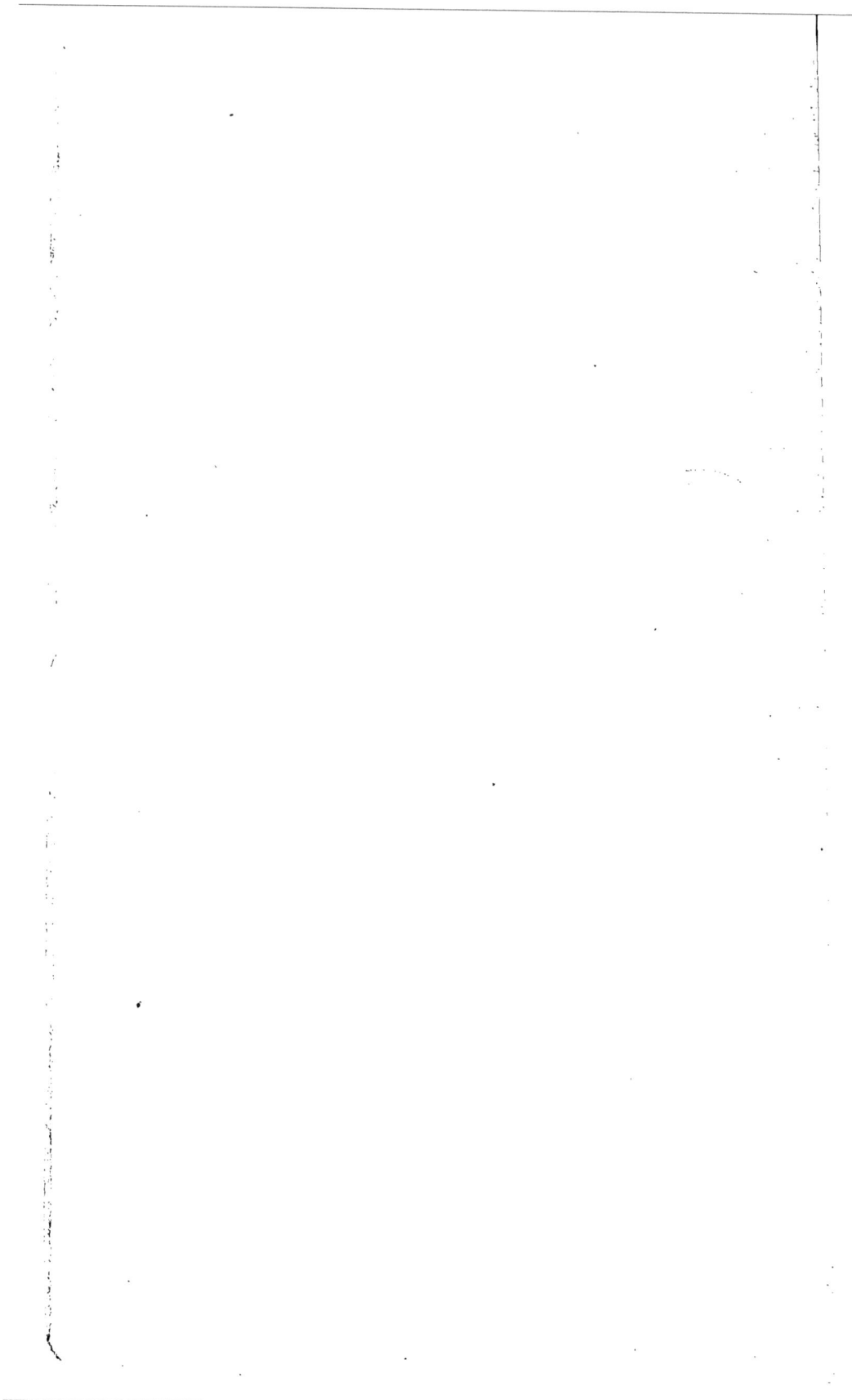

PATRONS & EMPLOYÉS[1]

CONSIDÉRATIONS GÉNÉRALES

Loi du 27 Décembre 1890

Pendant ma carrière de Juge et Président du Tribunal de Commerce d'Avignon de 1887 à 1898, j'ai souvent été appelé à l'étude de procès entre patrons et employés de commerce. Ces litiges, sauf de rares exceptions, n'avaient pas de cause bien sérieuse et l'importance des intérêts en jeu était le plus souvent minime ; mais, fait digne de remarque, les patrons aussi bien que les employés étaient toujours ennuyés de leurs difficultés qui naissaient de malentendus regrettables et de l'ignorance presque complète des droits et devoirs incombant à chacune des parties. Leur désir était d'arriver à un arrangement ; mais personne ne savait comment s'y prendre.

Par comparution officieuse devant le Tribunal ou par renvoi devant un juge arbitre et conciliateur, la plupart de ces procès étaient aplanis sans frais importants ; mais les ennuis, la perte de temps et l'incertitude existaient toujours.

En offrant aux intéressés un travail de bon sens, impartial, basé sur la loi et l'expérience, il m'a semblé possible d'éviter à l'avenir, dans une certaine mesure, les procès de ce genre et leurs conséquences.

[1] J'ai annoncé cette petite brochure à l'audience du Tribunal de Commerce d'Avignon le 14 Janvier 1897 pour la fin de mes quatre années de Président. Selon ma promesse, j'en ai donné le résumé à l'audience solennelle qui a eu lieu le 20 Janvier 1898 pour l'installation de mon successeur.

Je ne me dissimule pas la difficulté de cette tâche ; je sais que, ne pouvant prétendre à règlementer tous les cas auxquels peuvent donner lieu les litiges occasionnés par le louage de services, je ne serai ni parfait ni à l'abri de critiques ; mais j'ai pensé, qu'en établissant certaines règles, l'entente serait plus facile dans une foule de cas ordinaires d'où toute gravité est exclue. J'ai été encouragé, du reste, par tous ceux à qui j'avais confié mes idées ainsi que par le désir de faire une œuvre que je crois utile.

Mon but est donc d'éviter autant que possible les différends entre patrons et employés. Pour arriver à ce résultat je présenterai, pour la saine rédaction et interprétation des contrats, les décisions de la jurisprudence avec quelques arrêts depuis la dernière loi du 27 décembre 1890, et ensuite, j'indiquerai la solution que je propose aux parties intéressées, lorsqu'il n'y aura pas de convention, pour rompre le contrat de louage sans procès, sans frais et amiablement.

L'article 1780 du Code civil ainsi conçu : « On ne peut « engager ses services qu'à temps ou pour une entre-« prise déterminée » a été complété par la loi du 27/28 décembre 1890 de la façon suivante :

Le louage de services fait sans détermination de durée peut toujours cesser par la volonté d'une des parties contractantes. Néanmoins la résiliation du contrat par la volonté d'un seul des contractants peut donner lieu à des dommages-intérêts.

Pour la fixation de l'indemnité à allouer le cas échéant, il est tenu compte des usages, de la nature des services engagés, du temps écoulé, des retenues opérées et des versements effectués en vue d'une pension de retraite, et en général de toutes les circonstances qui peuvent justifier l'existence et déterminer l'étendue du préjudice causé.

Les parties ne peuvent renoncer à l'avance au droit éventuel de demander des dommages-intérêts en vertu des dispositions ci-dessus.

Les contestations auxquelles pourra donner lieu l'application des paragraphes précédents, lorsqu'elles seront portées devant les Tribunaux et devant les Cours d'appel, seront instruites comme affaires sommaires et jugées d'urgence.

Dans le délai d'une année. les compagnies et administrations de chemins de fer devront soumettre à l'homologation ministérielle, les statuts et réglements de leurs caisses de retraites et de secours.

Ainsi donc cette loi n'amène aucune sanction pratique sans recourir aux Tribunaux ; le législateur a laissé aux juges le soin de régler tous les litiges auxquels peut donner lieu le louage de services. Il oblige les patrons aussi bien que les employés de commerce, lorsqu'ils ne sont pas d'accord, à des frais, à des lenteurs et aux ennuis de la procédure. Et cependant les ressources sont excessivement limitées dans la classe des citoyens qui louent leurs services !

Les usages varient à l'infini. les circonstances sont de nature différente suivant les régions, et l'application de la loi de 1890 donne lieu à des écarts forcés qui sont un trouble constant dans les rapports entre employés de commerce et patrons.

Tandis que les ouvriers ont le droit de grève et voient leurs différends réglés sans frais par les Conseils de Prudhommes, les employés de commerce n'ont rien pour se défendre dans leurs revendications.

Avec la marche en avant des idées républicaines vers le progrès social bien compris, vers la solidarité. il y a là une réforme qui s'impose en faveur de cette classe si intéressante de citoyens qui comprend les commis, employés, comptables. voyageurs de commerce. rédacteurs de journaux, fondés de pouvoirs, employés des Compagnies de chemins de fer, etc. Leurs différends avec les patrons doivent tendre à une règlementation à peu près uniforme ; il faut épargner aux employés les frais de toutes sortes qui grèvent leur modeste budget bien inutilement ; aux patrons, les ennuis et les embarras de procès. Une mesure qui réaliserait d'abord une partie de ces desiderata, serait la création d'un Conseil de

Prudhommes pour Employés et Patrons dont la constitution ne me paraît présenter aucun obstacle.

En attendant, je développe mon travail qui, s'il ne résout pas toutes les difficultés, facilitera, je l'espère, la conciliation, et pourra servir de guide et de manuel dans un grand nombre de cas pour ceux qui voudront bien le consulter.

Ainsi que je l'ai déjà dit, ce travail comportera deux parties : la première donnant la jurisprudence jusqu'à ce jour pour que les contrats s'inspirent de cette jurisprudence et que les litiges disparaissent par une sage interprétation et une saine rédaction. La deuxième comprendra des principes que je voudrais voir adopter, les divisions des employés en catégories, les règles pour la solution amiable que je préconise et enfin le tableau des délais-congés ou indemnités de compensation, par catégorie d'employés.

J'ajoute une proposition modifiant la loi sur les faillites et liquidations judiciaires en ce qui concerne le privilège des employés.

PREMIÈRE PARTIE

JURISPRUDENCE SUR LA RÉDACTION DES CONTRATS

La rédaction des contrats relatifs au louage de services est généralement défectueuse par l'ignorance des droits et devoirs de chacun et par suite d'une mauvaise interprétation de la loi du 27/28 décembre 1890

Il n'est pas rare que les patrons, en engageant un employé, fassent signer a celui-ci, dans le contrat, des clauses qui ne devraient pas exister et que les employés signent sans regarder, aussi bien par ignorance également, que pressés de trouver du travail et ne voulant pas discuter les conditions Un contrat mal fait est une source de difficultés désagréables car la bonne foi des uns et des autres peut être suspectée.

On peut diviser les contrats de Louage de Services en deux catégories :

1º Les contrats ayant une durée déterminée ;
2º Les contrats sans détermination de durée.

Contrats à durée déterminée

La loi de 1890 n'a pas modifié les règles relatives à la première catégorie et on peut rappeler que lorsque la durée du contrat est déterminée, les patrons et employés ne peuvent se séparer avant l'expiration du terme fixé. Sinon, la partie qui rompt le contrat sans motifs légitimes, doit à l'autre partie des dommages intérêts. A l'expiration du terme, le louage de services finit de plein droit et sans préavis. Si le terme est dépassé et que les rapports continuent, le contrat est prolongé par tacite reconduction.

Cependant, il faut citer ici un arrêt de la Cour de Besançon et les motifs d'un jugement du Tribunal civil de la Seine dans plusieurs espèces qui envisagent les contrats entre propriétaires ou directeurs de journaux et leurs rédacteurs, et font bien connaître les rapports de l'ancienne et de la nouvelle jurisprudence dans ces cas intéressants et spéciaux.

ARRÊT DE LA COUR DE BESANÇON DU 30 DÉCEMBRE 1896

Le journal « *La Dépêche* » contre Leroy

Attendu qu'à raison de la responsabilité étendue qui pèse sur le propriétaire d'un journal, les rapports existant entre ses rédacteurs et lui forment, relativement à la rupture des liens qui les unissent, un contrat d'une nature spéciale ; que le propriétaire d'un journal est maître absolu de sa rédaction ; qu'il a le droit de congédier ou de révoquer ses rédacteurs *ad nutum* et sans justifier des motifs qui l'ont déterminé ; qu'il n'est tenu à aucuns dommages-intérêts envers eux (Cassation, 21 août 1864 — 21 février 1865) ; que les tempéraments apportés à la rigueur de cette règle dans les circonstances déterminées n'en ont pas altéré le principe (Cassation 19 août 1867) ; que les dispositions de la loi du 27 décembre 1890 n'y ont apporté aucune modification (1).

Attendu toutefois que cette règle ne reçoit d'application que lorsque l'engagement a été fait sans durée déterminée, parce que le droit du propriétaire n'est absolu qu'en l'absence d'un contrat réglant les conditions et la durée de l'engagement et formant dans ce cas, l'unique loi des parties ; que lorsqu'un pareil contrat est démontré, *le propriétaire ne peut en faire cesser les effets que par une demande en justice, quels que soient les griefs qu'il allègue contre son rédacteur* (article 1184 Code civil).

Attendu qu'il n'est pas méconnu, en fait, que Leroy rédacteur en chef de la *Dépêche* aux appointements de 4000 francs par an, était engagé à l'année ;

Attendu que l'engagement de Leroy étant déterminé quant à sa durée, sa résolution à défaut de consentement réciproque, n'en pouvait être obtenue que judiciairement ;

Attendu qu'en le rompant brusquement sans recourir aux voies judiciaires et sans permettre à Leroy de faire valoir des moyens en justice, l'administration a commis une faute génératrice de dommages-intérêts, que pour en apprécier la quotité, il convient de comparer les griefs de l'administration contre Leroy, avec les services rendus par celui-ci au journal, à la création et au développement duquel il a si activement contribué.

---

(1) Cependant, depuis la loi de 1890 surtout, la Jurisprudence a toujours admis que des dommages-intérêts étaient dus au rédacteur congédié brusquement sans motifs légitimes. Les jugements de la Seine reflètent bien cette tendance moins rigoureuse.

Confirme le jugement du tribunal de Commerce de Briançon, condamnant la Société anonyme du journal *La Dépêche* du Doubs et de Franche-Comté à payer à Leroy une somme de 700 francs à titre d'indemnité de brusque renvoi.

TRIBUNAL CIVIL DE LA SEINE (motifs dant trois espèces)

14 avril 1897

— Le contrat qui se forme entre le directeur d'un journal loin d'être soustrait à la règle de l'article 1780 du Code civil lequel dispose que le louage de services fait sans détermination de durée peut toujours cesser par la volonté de l'une des parties contractantes, y est d'autant plus soumis qu'il implique nécessairement pour chacune des parties la liberté la plus entière de rompre son engagement quand elle le juge convenable pour des raisons dont elle est dispensée de rendre compte.

Toutefois cette faculté ne saurait être abusivement exercée et le directeur d'un journal, pas plus que ses rédacteurs ne peuvent se séparer sans observer les conditions expresses ou tacites de leur contrat, spécialement celles établies par les usages de la profession ou par les habitudes constamment suivies dans les rapports du directeur avec tous les rédacteurs antérieurement engagés.

— Si le directeur d'un journal ne peut user de son droit de congédier un rédacteur qu'en observant les usages et les conditions expresses ou tacites de l'engagement, c'est au rédacteur congédié qu'incombe la charge de prouver à la fois la faute qu'il impute à ses cocontractants et le dommage qu'il a subi par suite de cette faute.

— Lorsqu'il a été stipulé entre le directeur d'un journal et un rédacteur, que le contrat qui les lie aura une durée *minimum* d'une année, les parties n'ont entendu par là se lier que pour la durée d'une année et après l'expiration de ce temps, elles ont recouvré la liberté de rompre un contrat devenu à durée indéterminée. Par suite ledit contrat ne saurait être prolongée par tacite reconduction puisque d'une part, il n'a pas été conclu à l'année mais pour un temps indéterminé qui devait être d'une année, et que d'autre part, la durée des engagements de journalistes n'est réglé par aucun usage auquel les parties puissent être censées se référer après l'expiration d'un premier terme convenu.

Il suit de là que, en dénonçant ledit contrat au cours de la deuxième année, le Directeur du Journal n'a fait qu'user de la liberté qui lui appartenait selon le droit commun et il ne saurait être tenu à des dommages-intérêts envers son rédacteur s'il n'est pas établi que, dans l'exercice de son droit, il a méconnu les usages constants de la profession ou s'est écarté des habitudes suivies antérieurement par le directeur à l'égard de ses rédacteurs.

— L'homme de lettres qui fournit à un journal une chronique hebdomadaire a droit à des dommages-intérêts à raison du préjudice que lui a causé un brusque congédiement, alors qu'il est constant que tout lui permettait de croire à la continuité de sa collaboration et que cette collaboration pour être sérieuse et complète exigeait nécessairement la recherche, l'étude et la mise en œuvre des sujets à traiter en vue de la clientèle du journal.

(Tribunal de Commerce de la Seine, 1896).

Le même tribunal, le 10 juin 1897, décide que :

Fait un usage préjudiciable de son droit, la direction d'un journal qui congédie brusquement, par simple raison d'économie un rédacteur qu'elle a depuis cinq ans à son service.

Dans le même genre de contrat, le tribunal de Lyon (12 février 1897) a jugé, pour les employés, que si un traité verbal intervenu entre un chef de commerce et un employé a été dénoncé et n'a pas continué par tacite reconduction, l'employé ne peut se plaindre d'avoir été brusquement congédié et avoir droit, de ce chef, à une indemnité.

Contrats à durée indéterminée

Les *contrats à durée indéterminée* sont ceux que la loi de 1890 a voulu régir et pour lesquels elle a entendu protéger le faible contre le fort en donnant aux juges la faculté d'accorder, le cas échéant, à la victime de la rupture du contrat des dommages-intérêts.

Elle a consacré législativement le principe du droit à des dommages intérêts à certaines conditions déterminées.

Voici à l'heure actuelle, les principales règles adoptées par la jurisprudence :

Le paragraphe 4 de la loi de 1890, tout en constatant que le louage de services peut toujours cesser par la volonté d'une des parties contractantes indique : *que les parties ne peuvent renoncer à l'avance au droit éventuel de demander des dommages-intérêts.*

Par conséquent.

I. — La clause d'un contrat de louage de services sans détermination de durée par laquelle un patron demande à l'employé qui l'accepte, la condition du congédiement immédiat sans indemnité, est nulle aux termes de la loi. — (Cassation).

Il ne faut pas non plus que par des dispositions détournées la loi puisse être éludée.

II. — Ainsi, une convention entre employé et patron qui stipule une somme dérisoire pour indemnité de congé réciproque prévu à l'avance est nulle — parce qu'elle vicie le consentement au sens de la loi nouvelle et qu'elle ne peut avoir pour but que d'échapper à la prohibition de cette loi.

Ce principe évident a été établi par un arrêt du 3 mars 1897 rendu par la Cour d'Aix Réformant un jugement du Tribunal de Commerce de Marseille.

Il s'agissait d'un employé engagé à raison de 110 francs par mois, 2 o/o d'intérêt et la guelte. L'engagement entre cet employé et son patron fixait d'un commun accord l'indemnité qu'ils auraient à payer l'un à l'autre dans le cas de brusque congé ou d'abandon d'emploi, à la somme de 10 francs.

La rupture ayant eu lieu, l'employé ne voulut pas accepter les 10 francs comme insuffisants et fit un procès.

Le Tribunal de Commerce de Marseille débouta cet employé en se basant sur l'article 1152 du Code civil et estimant qu'il devait supporter les conséquences d'un engagement librement consenti par lui.

Appel fut fait de ce jugement devant la Cour d'Aix qui rendit l'arrêt suivant :

Si l'article 1780 du Code civil modifié par la loi du 27 décembre 1890 dispose que les parties ne peuvent renoncer à l'avance au droit de se demander des dommages-intérêts pour rupture intempestive du contrat de louage de service, il ne met pas obstacle à ce que les parties fixent à l'avance l'indemnité qui sera due en cas de rupture de contrat.

Mais une telle convention n'est valable qu'autant qu'elle a été sérieusement et équitablement stipulée ; elle ne saurait au contraire produire effet, si fixant un chiffre dérisoire d'indemnité, elle n'a eu d'autre but que d'éluder les dispositions de la loi et constitue ainsi une renonciation indirecte au droit éventuel ouvert aux contractants par l'article 1780 de se demander des dommages-intérêts au cas où le contrat serait intempestivement résilié par la volonté d'un seul d'entre eux.

La Cour expliquant ces dispositifs dit que :

La convention, en présence du chiffre dérisoire qu'elle édicte et qui ne correspond pas à la valeur de trois journées de travail, intérêts exclus, a été imaginée uniquement en vue d'éluder la loi et constitue par avance une renonciation indirecte au droit éventuel ouvert aux contractants par le nouvel article 1780 du Code civil de se demander réciproquement des dommages-intérêts pour le cas où le contrat serait résilié par la volonté d'un seul d'entre eux dans des conditions susceptibles d'en entraîner l'al location ;

Qu'à ce titre elle est illicite et ne peut avoir aucun effet ;

Que les premiers juges en ont mal à propos proclamé la validité ;

Qu'il appartient aux Tribunaux de rechercher quelle a été la commune intention des parties pour interpréter les conventions et que l'obligation où ils se trouveraient de s'arrêter à la lettre du contrat paralyserait l'exercice de ce droit supérieur ;

Qu'ici, de même que le législateur a entendu leur conférer un pouvoir très ample à l'effet d'apprécier les circonstances qui peuvent justifier l'existence et déterminer l'étendue d'un préjudice, il a voulu par le silence *qu'il a gardé sur ce point*, laisser à leur prudence et à leur sagesse le soin d'examiner si la mauvaise foi ne cherchait pas à s'abriter derrière les dispositions de l'article 1152 du Code civil (1) pour échapper à la prohibition spéciale qu'il édictait dans le paragraphe 4 de la loi du 27 décembre 1890 sur le contrat de louage ;

Qu'il est inadmissible qu'il dépende des parties, en convenant du paiement d'une somme insignifiante, 1 franc par exemple, de se soustraire à une condamnation éventuelle pouvant s'élever dans certains cas à une somme importante ; que vainement on invoque la liberté des contrats et la réciprocité de l'engagement puisque c'est justement cette liberté réciproque de renonciation anticipée que la loi a pour but de proscrire ; que *consacrer de semblables accords équivaudrait à la violer* ;

Que l'employé payé au mois, a subi un préjudice indiscutable ; qu'il s'est trouvé privé par un renvoi immédiat donné sans motif et abusivement, de l'indemnité équivalente à un mois d'appointements qu'il est de règle d'attribuer à l'employé ainsi renvoyé.

La Cour, infirme, émendant, annule la convention dont excipent les intimés et accorde à l'employé un mois complet d'appointements.

Il est difficile de dire en termes plus clairs, plus juridiques des choses si vraies et si sensées.

Le Tribunal de commerce de Lyon (mai 1897) est allé plus loin et a jugé que le contrat était nul si les dommages-intérêts étaient fixés d'avance et à forfait.

La loi ne met pas d'obstacle, cependant, à ce que les parties fixent d'avance l'indemnité qui sera due en cas

---

(1) Article 1152 code civil ainsi conçu : « Lorsque la convention porte que celui qui manquera de l'exécuter payera une certaine somme à titre de dommages-intérêts, il ne peut être alloué à l'autre partie une somme ni plus forte ni moindre.

de rupture du contrat, comme l'indique l'arrêt d'Aix ;
*mais il est vraiment conforme à la loi, je crois, de dire
qu'en aucune circonstance les juges ne sont liés par la convention qui fixerait le montant de l'indemnité, sauf à maintenir, en vertu de leur pouvoir propre de décision, l'estimation
faite à l'avance par les parties, du dommage causé par la
rupture du contrat, si cette estimation est équitable.*

Le Tribunal de commerce de la Seine (juin 1893) a jugé
dans ce sens qu'on ne saurait considérer comme contraires aux dispositions de la loi du 27 décembre 1890
les conventions aux termes desquelles un patron et son
employé se réservent réciproquement le droit de rompre
le contrat de louage qui les lie en se prévenant quinze
jours à l'avance et stipulent qu'en cas de rupture immédiate du dit contrat, sans motif plausible, celle des
parties qui aurait provoqué cette rupture serait tenue
au paiement d'une indemnité fixée à un chiffre déterminé.

Toutefois, les juges ont toujours leur pouvoir de
contrôle pour apprécier le chiffre qui a été indiqué.

Le Tribunal de commerce du Havre (mars 1897) a jugé
que :

Les employés payables par quinzaine ont droit à un délai de
prévenance de quinzaine. Si l'employé est brusquement renvoyé.
il a droit aux salaires de quinzaine.

Cette jurisprudence ne peut être admise d'une façon
générale, car les circonstances de renvoi peuvent causer
à l'employé un dommage supérieur — et par cela seul
qu'un employé congédié a touché le montant de son
salaire habituel, à titre d'indemnité de congédiement
ou de prime, cet employé ne devient pas irrecevable à
demander, pour renvoi sans motif, d'autres dommages-
intérêts.

La Cour de Rennes (janvier 1895), a jugé qu'un patron
peut renvoyer, quand bon lui semble, même sans motifs

légitimes, un employé à la condition de ne pas lui causer par ce brusque renvoi un dommage immérité.

L'indemnité peut être supérieure à la somme représentant un mois d'appointements, bien que l'employé reçoive des appointements mensuels.

La Cour de Lyon, (août 1895), a décidé que vu les circonstances de la rupture du contrat, l'indemnité à accorder à une employée qui a été renvoyée intempestivement et inopinément (cette dame gagnait 120 francs par mois), *pouvait être de six mois d'appointements.*

Ainsi tombent les prétentions erronées de ceux qui voudraient proportionner l'indemnité au délai compris entre deux époques de paiement, car si cette interprétation était acceptée, les chefs de maison pourraient payer leur personnel à quinzaine, à huitaine ou même à journée pour ne devoir à un employé congédié brusquement que le salaire de quinzaine, huitaine ou même une journée. La Cour de cassation (20 mars 1895), a déclaré également que :

Est recevable et doit être examinée au fond par les tribunaux la demande en dommages intérêts formée par un employé de commerce contre le patron qui le congédie en lui accordant quinzaine, alors même qu'une convention intervenue auparavant entre les parties porterait que l'employé n'a droit à aucune indemnité si un délai de quinze jours lui est accordé en cas de congédiement.

Il a été d'ailleurs jugé en sens inverse que, bien que le commis soit payé au mois, l'indemnité pouvait être inférieure à un mois, si le commis n'est resté que peu de temps chez son patron.

III.—*La convention aux termes de laquelle un commis précédemment au mois consent à être considéré comme à la journée, doit être regardée comme nulle, d'autant que le but du patron n'a été que d'imposer une renonciation éventuelle aux dommages-intérêts qui pourraient être dus par suite de renvoi injustifié.*

Il est en dehors des usages du commerce que les patrons prennent pour tenir leurs livres d'une façon régulière, des employés à la journée (*Nantes mars 1896*).

Ainsi donc la loi ne permet pas de la violer, ni que la mauvaise foi cherche à s'abriter derrière les dispositions des articles 1134 (1) et 1152 du code civil.

Vainement on invoquerait la liberté des contrats et la réciprocité des engagements, puisque c'est justement cette liberté réciproque de renonciation anticipée à un droit éventuel inconnu que la loi a eu pour but de proscrire.

Il est regrettable que certains tribunaux aient résisté à cette interprétation, et allégué que l'article 1780, modifié par la loi du 27 décembre 1890, ne pouvait supprimer l'article 1134 — et il me faut citer un jugement du Tribunal de Commerce de Tarbes, du 12 mai 1897, qui démontre bien l'arbitraire de cette manière de voir et jusqu'où il s'élance.

Il s'agissait d'une demoiselle C. qui gagnait 17 fr. 50 par semaine chez son patron, magasin de modes.

Le louage avait eu lieu sans détermination de durée et il fut convenu qu'en cas de rupture du traité, les parties devraient se prévenir réciproquement une semaine à l'avance et verser de part ou d'autre, au lieu de tout avis, et pour toute indemnité, l'équivalent des appointements d'une semaine au moment de la résiliation.

La demoiselle C. renvoyée brusquement, assigne néanmoins son patron en réclamant 17 fr. 50 pour la semaine convenue et 1000 fr. de dommages-intérêts en réparation du préjudice qu'elle dit lui avoir été causé par le brusque congédiement dont elle a été l'objet.

---

(1) Art. 1134. Les conventions non contraires à l'ordre public et légalement formées tiennent lieu de loi aux parties qui les ont faites.

2

Le Tribunal rend un jugement dans ces termes :

Attendu qu'après convention, il ne saurait être permis ni à l'une ni à l'autre des parties de se soustraire à l'exécution de l'une des clauses auxquelles chacune d'elles a librement consenti; que dès lors la demanderesse doit subir la loi qu'elle s'est faite elle-même.

Attendu toutefois qu'il est vrai que certaines conventions peuvent ne pas être sanctionnées par la Justice; mais que c'est seulement dans le cas où les *conventions sont contraires à la loi* ; qu'il n'en est pas ainsi dans l'espèce actuelle et qu'en effet, une indemnité a été stipulée sous l'éventualité de la rupture du contrat et qu'il n'était pas illicite d'en fixer la quotité; que *le Tribunal est donc lié par cette convention* qui ne déroge nullement aux termes de la loi du 27 décembre 1890 et qui ne saurait être annulée que si les parties s'étaient engagées à renoncer à toute indemnité au moment où le louage prendrait fin.

Attendu que par sa décision, le Tribunal entend témoigner de son respect pour la liberté des contrats et pour *le principe absolu que les conventions non contraires à l'ordre public font la loi des parties ; que dès lors il ne saurait ni approuver ni appliquer cette théorie qui s'est fait jour au Sénat lors de la discussion de la loi du 27 décembre 1890, à savoir que, à l'égard des contrats de la nature de celui dont il s'agit, les tribunaux pourraient substituer leur appréciation aux conventions formelles des parties;* qu'il est possible que l'indemnité prévue, en cas de résiliation, *ait paru minime à la demoiselle C.* mais qu'elle a accepté les conditions de ce contrat formant un tout, considérant sans doute que les avantages de l'emploi qu'elle obtenait, les gages qui y étaient attachés et l'ensemble des éléments de cette convention se faisaient compensation et s'équilibraient.

Que par suite, la demande de la demoiselle C. doit être rejetée.

C'est vraiment aller bien loin, et pour un contrat que le Tribunal pouvait maintenir parce qu'il était sans doute équitable, les commentaires me paraissent contraires au texte clair et formel de la nouvelle loi. Dans la discussion qui eut lieu au Sénat, on a démontré que les patrons auraient la faculté de se dérober aux nouvelles dispositions introduites dans le code civil, en insérant dans les contrats de louage, l'obligation pour les employés de renoncer d'avance à réclamer des dommages-intérêts ; que si l'on voulait rester dans l'idée inspiratrice de la loi, loi d'ordre public et social faite en vue de défendre la faiblesse de l'ouvrier contre la puissance du capital associé, il fallait en assurer l'exécution en prohibant les conventions contraires.

Le Législateur peut, du reste, amender ou abroger un article du code et aucun Tribunal, même quand le Législateur aurait tort, ne peut mettre le Législateur en quarantaine (M. PLANIOL, Professeur à la faculté de Paris).

La Cour de cassation s'est du reste prononcée à différentes reprises et notamment en cassant un Jugement du Tribunal de Commerce de Rouen du 18 avril 1894, analogue à celui de Tarbes. L'arrêt de cassation est du 9 juin 1896 et indique que les juges ne *doivent jamais être liés par la convention fixant à l'avance le montant de l'indemnité.*

— Malgré une convention fixant d'avance une indemnité réciproque en cas de rupture, le patron n'aurait-il pas le droit également de refuser cette indemnité à l'employé s'il avait des motifs légitimes de plainte ?

Cela n'est pas douteux car il a été jugé que le patron est autorisé à réclamer à son employé des dommages-intérêts à raison du préjudice causé par ses agissements.

La Cour de Limoges a rendu à ce sujet l'arrêt suivant :

Le louage de services peut cesser par la volonté de l'une des parties contractantes et cette résiliation peut donner lieu à des dommages-intérêts lorsque la partie qui en est l'auteur a fait de son droit un usage abusif.

Doit être considéré comme un juste motif de congédiement immédiat le fait par un employé de se laisser séduire par la promesse d'un tiers d'améliorer sa situation, s'il consentait à lui prêter son concours pour l'organisation d'une maison concurrente alors surtout que sommé par son patron de ne pas retourner chez ce tiers, il a refusé de prendre aucun engagement et a même demandé qu'on lui réglât immédiatement son compte. Dans ces conditions et par suite l'employé n'a droit à aucune indemnité.

— *Le Tribunal civil de Lyon* (janvier 1894 *a jugé que :*

L'employé révoqué pour faits d'indiscipline grave ou pour indélicatesse serait mal fondé à réclamer une indemnité.

— Un autre tribunal a déclaré que : les épithètes de hautain et d'arrogant contenus dans une lettre d'un commis à son patron, donnent le droit à celui-ci de congédier le commis sans indemnité.

— L'insuffisance notoire d'un employé est un motif également pour le renvoi immédiat sans indemnité — suivant les circonstances et surtout préjudiciables au patron.

— L'employé qui quittera volontairement sans motifs et sans prévenir, sa place pour aller dans une maison concurrente n'aura droit à aucune indemnité. Si son ancien patron a des motifs de plainte pour faits d'indélicatesse ou de concurrence déloyale, il pourra poursuivre l'employé devant les Tribunaux et le patron convaincu d'avoir favorisé le départ de l'employé pourra être responsable des dommages-intérêts accordés à l'ancien patron.

— L'employé qui a encouragé les ouvriers d'une compagnie industrielle à déclarer la grève et à y persévérer commet une faute qui autorise les administrateurs de la Cie à lui donner congé sans indemnité, et en pareil cas la Cie est en droit de demander des dommages-intérêts à l'employé congédié à raison du préjudice que lui a causé son intervention dans la grève de ses ouvriers.

(Cour de Lyon, 2 août 95.)

— Un employé d'une Cie de chemin de fer peut être révoqué à raison de la dignité de la Compagnie et de son personnel et à raison de la responsabilité qui lui incombe d'assurer ses services, lorsque cet employé, sans avoir participé personnellement à des actes d'immoralité habituellement commis par sa femme qui ont motivé des condamnations correctionnelles contre celle-ci pour avoir favorisé ou excité habituellement la débauche ou la corruption de jeunes filles mineures, n'a pu ignorer et par suite a toléré les faits qui se passaient dans sa propre maison et qui étaient devenus un scandale public.

— De même donnent ouverture à une condamnation en dommages-intérêts et à la résiliation immédiate du contrat de louage les manquements graves à l'autorité du maître ou du patron, surtout lorsqu'ils ont lieu en présence d'autres ouvriers on employés. (Art. 1142 du Code civil.)

Il résulte donc bien de tout ce qui précède que la *question relative aux dommages-intérêts ou indemnité auxquels peut avoir éventuellement droit celle des parties qui subirait un préjudice par la rupture d'un contrat de louage de services doit être fixée avec le plus grand soin dans les conventions pour éviter toute suite fâcheuse devant les Tribunaux.*

Et que les juges n'étant jamais liés par les conventions sur ce point, cette fixation peut devenir illusoire suivant les fautes ou les agissements des parties intéressées.

La seconde question que soulève la rupture du contrat de louage de services est celle relative à *la durée du délai-congé.*

La jurisprudence indique que : *la clause qui fixe dans le contrat la durée du délai-congé ou qui supprime tout délai est licite.*

La Cour de cassation (6 novembre 1895) a jugé que :

La loi ne défend pas de résoudre le contrat en se prévenant d'avance dans un délai déterminé, soit même de se dispenser réciproquement de tout délai.

Quoique licite, la convention qui supprime tout délai-congé s'applique plus généralement aux ouvriers d'usines ou d'ateliers qu'aux employés de commerce. Pour ces derniers, lorsqu'il n'y a pas de motifs légitimes de renvoi immédiat, la jurisprudence oblige volontiers le patron à user de ménagements et à accorder à l'employé un délai assez long pour lui permettre de retrouver un autre emploi (1).

(1) On verra plus loin que je me suis inspiré de ces principes pour la solution que je propose lorsqu'il n'y a pas de contrat.

Il ne faudrait pas croire cependant que les employés obtiennent toujours par défaut de délai-congé, des dommages-intérêts.

La loi nouvelle a été très discutée et de grandes difficultés ont surgi pour la saine interprétation de ses termes qui, il faut le répéter, sont bien énigmatiques.

L'article 1780 complété permet à l'employé engagé sans détermination de durée et congédié par son patron de réclamer des dommages-intérêts et laisse aux Tribunaux le soin de décider souverainement si une indemnité est due ou non, et on sait les hésitations soulevées lorsqu'il a fallu déterminer les conditions auxquelles est subordonnée l'allocation des dommages-intérêts.

Aujourd'hui la jurisprudence déclare qu'en droit, il ne suffit pas, pour justifier une condamnation à des dommages-intérêts, que la rupture du contrat ait eu lieu brusquement, notamment que le renvoi de l'employé n'ait pas été précédé d'un délai congé ; il faut encore que les circonstances de renvoi constituent un usage abusif du droit qui appartient à chacune des parties de faire cesser le contrat par sa volonté, et que les juges relèvent les circonstances qui caractérisent *l'abus et par suite la faute spéciale* dont la loi a pour objet la réparation.

La Cour de cassation résume et admet deux causes possibles d'indemnités indépendantes l'une de l'autre :

1º *Au fond* : la rupture du contrat n'est pas justifiée par des motifs sérieux.

2º *En la forme* : les délais de congé et les autres formalités préalables que la convention ou l'usage pouvaient imposer, n'ont pas été observés.

Tous les éléments d'indemnité ont été placés dans la loi en prévision du cas où le renvoi n'est pas *motivé au fond*, car il est certain que c'est de ce point principal que le législateur de 1890 a voulu se préoccuper plutôt que du renvoi motivé sans observations des délais.

Ainsi, le patron, alors même qu'il existe pour le congé un délai d'usage, peut renvoyer l'employé ou l'ouvrier immédiatement lorsqu'il a à se plaindre de lui et qu'il a un motif légitime de renvoi immédiat et cela sans être tenu à des dommages-intérêts envers l'employé ou l'ouvrier.

Par contre : un patron qui renvoie un employé du jour au lendemain d'une façon intempestive et sans cause légitime lui doit, selon les circonstances et l'usage, une réparation incontestable. (Cour de Dijon 25 juin 1895.)

Il s'agissait ici d'un clerc de notaire qui avait abandonné un emploi lucratif pour entrer dans cette étude et qui fut renvoyé brusquement par le notaire, au prétexte d'ébriété, alors qu'en réalité c'était un homme maladif et morphinomane.

— L'agent d'une compagnie de chemins de fer qui ne renonce à rester au service de la compagnie qu'après avoir été prévenu d'un déplacement qui l'éloignait de sa résidence où des intérêts légitimes le retenaient, et qui sans cette modification de situation, aurait continué à demeurer au service de la compagnie, ne doit pas être considéré comme ayant cessé de son *plein gré* le service auquel il était appelé. Par suite, c'est à bon droit que les juges lui reconnaissent le droit de se faire rembourser les retenues sur son traitement opérées en vue de la caisse des retraites de la compagnie qui, d'après les statuts, ne sont pas remboursés si l'employé cesse de *plein gré* son service.

— Il faut donc bien distinguer entre *les griefs légitimes* du patron justifiant le renvoi et *l'absence de délai et des motifs allégués* pour excuser le renvoi immédiat.

Dans tous les cas, lorsque les délais de congé indiqués par la convention ou l'usage sont respectés, l'employé ne peut demander des dommages-intérêts qu'à la condition absolue de prouver un abus du droit de renvoi. Le rapporteur de la loi de 1890, M. Loreau, donnait bien cette interprétation en disant :

« Il faut absolument qu'il soit établi par la partie
« plaignante qu'il y a eu abus. Ce n'est que dans le cas
« net et précis où il y aurait eu abus jugé par les
« Tribunaux qu'il pourrait y avoir lieu à des dommages-
« intérêts. »

— Pour réussir dans une demande de dommages-intérêts, écrivait M. Rau, avocat général, dans ses conclusions devant la Cour de cassation (20 mars 1895), l'un ou l'autre contractant sera tenu d'établir que le droit a été dépassé, qu'il en a été fait par son adversaire un emploi *abusif* constituant une *faute particulière*.

La Cour de cassation (2 mars 1898), dit que « l'ouvrier employé en vertu d'un louage de services à durée indéterminée qui est brusquement congédié par son patron ne peut, en l'absence de convention ou d'usages contraires, obtenir une indemnité qu'à la condition de prouver, outre le préjudice dont il se plaint, la faute qu'aurait commise le patron en abusant de son droit de résilier le contrat.

Cette jurisprudence est plus difficile à comprendre pour l'ouvrier que pour le patron, et le droit à l'indemnité (dit M. Marcel Planiol). rencontrera dans la pratique un obstacle à peu près insurmontable.

Cependant, quoique la question soit controversée, il me paraît juste que ce soit la partie lésée par la résiliation qui doive justifier nettement de l'abus qui a été fait de la faculté de résiliation.

L'utilité de l'addition faite en 1890 au Code civil consiste dans ce que :

La loi a entendu que les tribunaux se montrassent plus larges dans l'appréciation des faits à considérer comme constitutifs de la faute. Elle a en outre augmenté le nombre des éléments dont il faut tenir compte, une fois la faute établie pour fixer le montant de l'indemnité. Elle a enfin déclaré illicite la renonciation anticipée à une demande de dommages-intérêts anticipée.

(Dalloz p. 95, paragr, 1 art. 250).

L'esprit de cette jurisprudence laisse au patron les mêmes droits qu'aux employés et bien que la plupart des arrêts ne visent que les réclamations des employés, il est certain qu'une réciproque raisonnable est forcée. L'abus et la faute des employés les rendent responsables vis à vis des patrons.

Le principe qui a permis à l'employé congédié, même au cas où la convention et l'usage avaient été respectés par l'auteur de la rupture, de discuter les motifs de son renvoi est basé sur l'article 1135 du Code civil disant que « les conventions obligent à toutes les suites que com-« portent non seulement l'usage de la loi, mais encore « l'équité. »

L'équité exige qu'un employé ne soit pas brusquement congédié alors que rien dans son travail ni dans sa conduite ne justifie une pareille mesure. (Dalloz. Suppl. au rép. louage d'ouvrage 254).

De même l'équité commande que l'employé ne donne aucun motif de plainte à son patron et respecte les conventions lorsqu'elles sont raisonnablement faites et acceptées.

— L'employé de commerce qui, sans motifs admissibles, refuse inopinément de remplir la mission pour laquelle il a été engagé à des conditions très rémunératrices, est passible de dommages intérêts en proportion du préjudice que cause à son patron la rupture par son fait du contrat de louage d'ouvrage. (Lyon, 3 février. 1897.)

Il est de principe que la partie qui rompt brusquement sans motifs s'expose à des dommages-intérêts. Les juges apprécient souverainement si le motif invoqué est légitime ou non. Le motif est légitime lorsque l'employé a gravement manqué à ses obligations. (Tribunal de commerce de la Seine, janvier 1898.)

La loi de 1890 n'ayant pas d'effet rétroactif ne peut pas modifier les contrats antérieurs à sa promulgation.

— Ainsi donc le contrat doit contenir *une clause relative au délai-congé, clause basée sur les usages, le bon sens, la valeur de l'employé et, de ce côté, les difficultés seront encore évitées.* Lorsqu'on usera de son droit normalement d'après un contrat établi suivant les règles que j'ai détachées de la Jurisprudence jusqu'à ce jour, on n'encourra aucune responsabilité et les procés ne seront pas à redouter.

DEUXIÈME PARTIE

ENGAGEMENTS SANS CONTRATS — PRINCIPES.
DIVISION DES EMPLOYÉS EN CATÉGORIES.

Mais les contrats qui devraient être obligatoires en matière de louage de services entre patrons et employés sont malheureusement chose fort rare : Combien d'employés s'engagent sans contrat, combien de patrons négligent cette formalité pourtant si importante !

Lorsqu'il n'y a pas de contrat c'est l'obscurité encore plus grande, le vague absolu : il faut raisonner sur les usages, les circonstances, valeur de l'employé, difficultés des services rendus dans le travail, appréciation des fautes commises. Bref c'est le procès presque forcé pour le patron aussi bien que pour l'employé dont l'amour propre est souvent en jeu à la moindre discussion. Et quelle variété de litiges, quelle diversité d'opinions et de jugements !

Aussi m'inspirant de la jurisprudence que nous venons de parcourir, des usages reconnus, du bon sens et de l'expérience, j'ai cherché une solution qui puisse permettre aux parties intéressées de régler leurs différends sans en venir aux assignations et aux frais ; J'ai essayé une règlementation, dans les cas ordinaires et normaux, des droits et devoirs réciproques des patrons et employés pour que la rupture du contrat de louage de services puisse se faire amiablement Puissé-je réussir et que les règles présentées servent de base pour faciliter la conciliation dans le plus grand nombre de cas possible !

Pour tenter de résoudre ce problème dans des conditions de véracité et d'impartialité pour les deux parties en présence, il faut d'abord poser les principes suivants :

I. — Le délai-congé est obligatoire et réciproque.

Le patron qui croira devoir remercier un employé devra l'avertir un certain temps à l'avance : l'employé qui voudra quitter son patron devra également l'aviser à l'avance.

II. — L'employé congédié brusquement sans motifs sérieux et légitimes par son patron, a droit à une indemnité ou compensation.

Le patron qui est abandonné par son employé sans raison plausible a aussi droit à une compensation.

III. — L'indemnité ou compensation dûe par l'employé est moindre que celle dûe par le patron.

Les deux premiers principes découlent de la jurisprudence générale de la Cour de cassation qui a décidé que le patron, même au cas de renvoi justifié, doit toujours observer les délais d'usage dans le congédiement, et en vertu de l'article 1135 du Code civil, on sait que l'employé congédié à la faculté de discuter les motifs de son renvoi.

Il est bien entendu toutefois que je n'envisage que les cas ordinaires et normaux desquels toute gravité et toute faute sont exclues de part ou d'autre.

— La réciprocité indiquée s'explique aisément car il faut respecter les droits de chacun pour la conciliation. L'employé renvoyé par le patron doit avoir le temps de trouver un autre emploi et ne doit pas rester sans ressources pendant un délai raisonnable. De même le patron doit avoir le droit de réclamer une compensation du trouble apporté dans la marche de ses affaires par le départ d'un employé utile et pour le temps normal qui lui est nécessaire pour trouver un remplaçant (1)

(1) La Fédération des Employés de France que j'ai consultée, admet très-bien cette réciprocité.

— Le troisième principe établissant une différence dans l'indemnité paraît éminemment juste au point de vue social et égalitaire. Il n'est pas possible en effet, de comparer la situation d'un employé à celle d'un patron, ni le préjudice causé à l'un ou à l'autre par la rupture du contrat de louage de services.

La moyenne des salaires des employés de commerce les mieux partagés est de 15 à 1800 fr. par an : dans ces situations on trouve souvent des hommes mariés et pères de famille.

Quant aux femmes ou jeunes filles les salaires sont d'un tiers et bien souvent de moitié inférieurs à celui des hommes.

C'est donc un principe de toute justice, sous tous les rapports, que d'établir l'indemnité due par les employés moindre que celle due par les patrons.

Ces principes posés, il y a lieu de diviser les diverses classes d'employés en quatre catégories distinctes :

1° *L'Employé supérieur ou intéressé.*

2° *L'Employé à l'année.*

3° *L'Employé au mois.*

4° *L'Employé de passage ou à l'essai.*

L'Employé intéressé est celui qui reçoit, en outre d'un traitement fixe annuel, un intérêt sur les bénéfices de la maison. Il a généralement plusieurs années de services. il est quelquefois fondé de pouvoirs et a déjà donné des preuves de son travail et de son dévouement.

L'Employé à l'année est celui qui est engagé à l'année et a un traitement fixe annuel : il a généralement au moins un an de services dans la maison. — Quoique appointé à l'année, il peut être payé par fractions ou mensuellement.

L'Employé au mois est un serviteur plus ordinaire, très répandu. Il est engagé et payé au mois. Dans ma classification il devra avoir au moins trois mois de services dans la maison. (1).

L'Employé de passage ou à l'essai est engagé pour une durée qui peut être relativement courte, subordonnée aux facultés qu'il montrera dans son emploi, d'essai. Il peut louer ses services à la huitaine, quinzaine ou au mois, et est payé d'après ces délais. Il doit être considéré comme à l'essai jusqu'au troisième mois de services.

Tous ces employés ont souvent en sus de leurs appointements fixes, un intérêt sur les ventes, sur le produit des rayons ou la guelte, et d'autres éléments de ressources, qui constituent le *Salaire complet* d'un employé.

La classification ci-dessus comprend tous ceux qui louent librement leurs services d'après la loi du 27 décembre 1890, c'est-à-dire les commis, employés, comptables, les voyageurs de commerce, directeurs d'usines, chefs de rayons, clercs de notaires ou d'avoués, rédacteurs de journaux, fondés de pouvoirs des trésoriers-payeurs généraux ou des receveurs, les employés des compagnies de chemin de fer, les commissaires à bord des navires de compagnies commerciales, etc.

AUTRES PRINCIPES

Pour trancher de suite quelques questions qui pourraient soulever des difficultés, il y a lieu d'établir les principes suivants :

I. — *Les patrons seront tenus de conserver les places de leurs employés de toutes catégories pendant les périodes des*

---

(1) Les définitions que je donne n'ont rien d'absolu ; mais, me plaçant au point de vue général, il est nécessaire que j'établisse mes catégories d'employés d'après une moyenne sérieuse et réfléchie et que leurs titres soient bien indiqués par une définition ferme.

(1) La différence entre l'employé à l'année et celui au mois est sérieuse et il importe de bien la préciser et de bien marquer cette différence au moment des engagements.

vingt-huit jours et des treize jours exigées par la loi mili-
taire (1).

— Les employés des *deux premières catégories* seront
intégralement payés, pendant cette absence, en ce qui
concerne leurs appointements fixes, et la partie éventuelle sur les bénéfices réalisés à la fin de chaque exercice.

Quant à leurs autres éléments de salaire complet, ils
pourront les obtenir en se faisant remplacer par quel-
qu'un de connu et agréé par le patron.

— Les employés des deux autres catégories *pourraient*
voir leurs appointements réduits de moitié pendant ces
périodes. Toutefois, le patron ne serait tenu à aucune
obligation vis à vis de *l'employé à l'essai* qui n'aurait pas
fait deux mois de services dans la maison.

La faculté de gagner leur salaire complet est réservée
également à ces deux catégories lorsque leur remplaçant sera agréé par le patron.

Tout le monde approuvera certainement l'application
de ces principes qui sont, du reste, déjà en pratique
dans un grand nombre de maisons de commerce. Il
n'est pas admissible que l'obligation du service militaire
soit une cause de perte pour les employés et qu'on les
prive de leurs places alors qu'ils vont remplir un devoir
que la Patrie réclame de tous ses enfants.

II. — En cas de *maladie sérieuse* et *constatée*, il est de
tradition et d'usage de ne payer intégralement l'employé
que s'il ne reste éloigné de son travail que pendant un
temps très limité.

---

(1) J'avais déjà indiqué ce principe lorsque j'ai constaté avec la plus
grande satisfaction que dans la loi sur le travail, en 1898, le Sénat avait
voté une proposition de loi ayant pour objet d'assurer le maintien du
contrat de louage de services pendant les périodes d'instruction militaire
des réservistes et territoriaux. M. Odilon Barrot, député, au nom de la
Commission du travail de la Chambre, a distribué un rapport sur cette
loi dans le même sens — loi qui a été adoptée en novembre 1898.
Cette loi présente certaines différences avec mes principes à cause des
catégories qui me paraissent nécessaires et répartissent mieux les droits
des employés, d'après leur valeur et leur ancienneté.

Cette limite pourrait être portée à *deux mois* à *demi-salaire* pour les employés des deux premières catégories ; à *un mois* à *demi salaire* pour les deux autres. Exception faite toutefois pour l'employé à l'essai lorsqu'il n'aurait pas deux mois de services et pour lequel le patron ne serait tenu à aucune obligation.

Il s'agit toujours des appointements fixes ou des bénéfices éventuels à fin d'exercice.

Comme pour les périodes militaires, les employés auraient la faculté de se faire remplacer, pour gagner leur salaire complet, dans les conditions déjà énoncées.

III. — *Lorsqu'un patron aura fait venir exprès un employé d'un pays quelconque et qu'il le renverra, il devra lui régler le retour au pays d'origine.*

Dans tous ces cas, qu'il était bon de prévoir, pour lesquels il fallait fixer des règles, la générosité des patrons n'est pas strictement limitée. Ce sont des minimum qui m'ont été dictés par le bon sens et l'expérience. Faire encore mieux sera préférable ! Et il est opportun de signaler à tous, patrons et employés, les Sociétés de Secours Mutuels, les Caisses de Prévoyance, les Assurances, les syndicats mixtes, etc., qui sont de nature à organiser le présent et à rassurer l'avenir.

Ces associations du capital et du travail, si utiles et si fécondes qui s'imposent à tous par les sentiments d'humanité et de solidarité qui unissent patrons et employés doivent être soutenues et encouragées.

Ce sera un grand honneur pour la République d'avoir favorisé l'élan de la mutualité. Mais bien plus grand encore lorsqu'elle sera parvenue à l'organiser !

SOLUTION AMIABLE

Avec ces règles et les bases déjà établies par la jurisprudence, j'ai pu risquer la solution qui permettra, je le répète, aux patrons et employés de rompre le contrat de louage de services sans en arriver aux difficultés et aux procès.

Le point de départ de cette solution est un cas ordinaire, normal, qui ne suppose aucun arbitraire de part et d'autre, car j'estime que dans les entreprises industrielles, commerciales ou autres, une solidarité économique existe nécessairement entre employés et patrons qui sont des collaborateurs pour le succès de ces entreprises. Et cette collaboration doit être empreinte de fidélité et de bonne foi réciproques.

Aussi faut-il, à mon sens, éviter tout ce qui peut froisser l'amour-propre des parties en cause, blesser leur susceptibilité, pour que la rupture des rapports ait lieu sans acrimonie et sans arrière-pensée.

Il faut consacrer des règles raisonnables qui pourront servir de loi, et faire disparaître ainsi les divergences de vues qui se produisent malheureusement pour l'application de la loi du 27 décembre 1890 dans les diverses régions de la France.

Est-il admissible que les usages qui ont force de loi soient variés à l'infini ? — Est-ce que la loi ne doit pas être la même pour tous et, dans notre pays de lumière, dans ce siècle de progrès, est-il possible de dire que les lois ne sont pas pareilles en Province qu'à Paris, à Nantes qu'à Bordeaux, Marseille ou Avignon ? lorsqu'il s'agit surtout d'employés, de voyageurs, qui sont amenés à faire les mêmes services, à remplir les mêmes devoirs

3

quel que soit le point du territoire où ils s'engagent ? (1)

Evidemment, dans les cas normaux, équivalents, les usages doivent être uniformes partout. La solution que je formulerai doit tendre aussi à ce resultat :

En thèse générale, les règles de convenances et d'usage prescrivent d'avertir l'employé assez longtemps d'avance pour qu'il puisse se procurer un autre engagement et que, par suite, une compensation de renvoi doit lui être donnée pour l'aider à vivre pendant le temps raisonnable qu'il mettra à trouver cet emploi.

Il est certain que les délais ou la compensation varieront suivant la valeur de l'employé et c'est pour cela que j'ai cru bien faire de créer mes catégories.

De même l'employé ne doit abandonner ses fonctions qu'après le temps nécessaire pour permettre au patron de pourvoir à son remplacement, et s'il quitte par caprice, il doit une compensation proportionnée à la valeur de l'emploi qu'il occupait.

Mais on a vu que les usages sont variés, et naturellement les jugements des Tribunaux se ressentent de cette variété et ne tiennent pas toujours assez régulièrement compte de la valeur de l'employé ou de la durée des services. Lorsque l'usage est respecté, la cause est réputée bien jugée. Aussi rien de précis, de certain ni pour le délai-congé ni pour l'indemnité : *tot capita, tot sensus*. Par exemple :

D'après les usages, les employés de commerce que leurs patrons veulent congédier, doivent être prévenus *un mois* avant leur sortie. Il en est ainsi à plus forte raison en ce qui concerne les employés chargés de la comptabilité (Trib. de paix, Paris 1893).

---

(1) Cette réflexion au sujet de la diversité des usages locaux peut s'appliquer à bien d'autres cas, et il serait certes à désirer qu'on arrivât à l'uniformité de ces usages dans toute la France pour les transformer en une loi unique.

Combien d'usages remontent à la féodalité et ne sont pas en rapport avec nos mœurs actuelles !

On pourrait rassembler et rapprocher les usages de chaque région pour en former une moyenne se rapprochant de la réalité.

Le commis congédié sans motif valable et sans préavis, a droit à *un mois* d'indemnité. Le mois doit courir du jour où le congé a été donné, quand même il l'aurait été après le mois commencé et le commis n'a droit, en pareil cas, *en sus de cette indemnité*, qu'aux salaires correspondant *au nombre de jours pendant lesquels il a travaillé.* (Tribunal de Commerce de Marseille février 1894).

Un voyageur payé au mois, n'a droit qu'à un congé-dédit d'*un mois*. (Tribunal de Commerce de Saint-Étienne, avril 1897).

Le patron peut congédier même sans motifs un employé entré chez lui dans des conditions ordinaires et sans garantie de temps en le prévenant un mois d'avance. *Un mois d'appointements* est donc dû par le patron à l'employé renvoyé sans motifs à partir du jour où ce dernier a été avisé de ce congédiement. Tribunal de Commerce de Nantes 22 octobre 1892).

D'après les usages du Hâvre, le délai de congé entre patrons, commis et employés est *d'un mois.* (Le Hâvre juillet 1897).

Dans la région Lyonnaise, aux employés supérieurs de l'industrie et du commerce, il est d'usage d'accorder une indemnité égale à *trois mois de traitement fixe* quand l'employé, même *légitimement congédié*, ne l'a pas été pour des fautes d'une gravité exceptionnelle.

A Rouen, l'usage généralement respecté et appliqué est de donner *réciproquement* avis de rupture *un mois plein en plus de celui en cours.*

Le patron qui congédie son employé et veut qu'il parte immédiatement, lui doit en entier les appointements *du mois commencé et ceux du mois suivant.*

Réciproquement, l'employé qui veut cesser immédiatement ses fonctions tiendra compte à sa maison de la totalité des appointements *du mois en cours et de celui qui suit*.

A Vienne, le délai-congé ou l'indemnité est d'*un mois* pour le patron et égale pour l'employé.

A Saint-Quentin, Creil et à Avignon on paraît avoir adopté *le mois en cours plus un mois* (1).

On a vu également les jugements de Rennes et de Lyon, p. 7.

La réciproque est admise mais avec des réserves en ce qui concerne les employés vis-à-vis des patrons. Mais de ce côté également aucune règle sur laquelle on puisse se baser pour éviter les litiges ou rompre amiablement.

D'après ces jugements et avis divers, on comprend les écueils qui sont à éviter :

— Les délais sont irréguliers :

— Le délai d'un mois de préavis est souvent insuffisant en raison de l'importance et de la situation de l'employé.

— De même pour le mois en cours et le mois suivant,

_____

(1) Je tiens la plupart de ces renseignements de la Fédération des Employés de France.

des abus peuvent se produire suivant le moment où l'on se donne congé.

— L'indemnité d'un mois peut être trop forte ou trop faible suivant les circonstances et les fautes commises par l'une ou par l'autre partie, comme on l'a vu par la jurisprudence que j'ai citée dans le commencement de cet ouvrage.

De même, on ne peut limiter cette indemnité ou le délai de préavis, à un mois ou 15 jours au prétexte que les paiements ont lieu au mois ou à la quinzaine.

— La réciproque admise pour l'employé vis-à-vis du patron paraît à tous un peu excessive ainsi que je l'ai démontré.

La loi de 1890 dans son texte long et énigmatique ne donne rien non plus pour aider à une résiliation amiable du contrat de louage. Au contraire, en cas de difficultés, elle renvoie aux tribunaux.

La loi *Suisse* indique que le contrat de louage de services peut être résilié à la fin de chacun des trimestres de l'année civile, moyennant un congé donné *au moins six semaines* d'avance.

La loi *Anglaise* dit : Le délai est d'un mois pour le congé donné à un domestique (1). Si ce délai n'est pas observé, le maître est tenu de payer au domestique *un mois de gages en sus plus une indemnité d'entretien pendant le même temps*. Le domestique peut d'ailleurs être congédié dans ces conditions. même s'il est engagé à l'année. (Dalloz, supplément au répertoire).

Malgré le laconisme de ces textes, il y a cependant un point de départ qui n'existe pas en France, ou du moins qui ne se fait jour que par des usages divers et bien irrégulièrement appliqués. Il paraît qu'autrefois en Franche-Comté, tout employé au mois quel que fût le mon-

(1) Domestique ou employé.

tant de ses appointements devait donner congé *trois mois à l'avance* et il y avait réciprocité de la part du patron : dans le cas où un patron renvoyait brusquement son employé sans motif légitime il lui versait *trois mois d'appointements*.

On voit que d'après les usages de nos jours les employés seraient moins favorisés ! Mais ce qu'il y a lieu de retenir et qui est conforme au sentiment qui m'a guidé c'est la longueur du délai congé

Pourquoi, en effet, est-il question d'indemnité ou de compensation en cas de renvoi ? Évidemment parce que le bon sens, la logique et la justice veulent que toute partie, lésée dans ses intérêts par une autre, reçoive une réparation. Or n'est-il pas préjudiciable de rompre le contrat de louage sans préavis ? (en envisageant toujours les cas normaux bien entendu). Poser la question, c'est la résoudre et la jurisprudence est aujourd'hui unanime dans ce sens.

Voilà pourquoi j'ai posé en principe le *délai obligatoire et réciproque*. Lorsque le délai congé sera régulièrement et sainement accordé, l'indemnité ou compensation n'aura plus de raison d'être, car les parties en présence pourront profiter de ce délai, l'une pour retrouver un autre emploi, l'autre pour remplacer l'emploi vacant. Le préjudice aura disparu. *L'indemnité n'est que le salaire ou traitement qui serait gagné pendant le délai s'il avait été accordé comme il doit l'être* (M. PLANIOL). D'un autre côté, c'est la compensation d'un trouble occasionné dans le travail d'une maison de commerce par le départ subit d'un employé.

Ma solution fixant des délais de préavis par catégories d'employés, proportionnés à la valeur et à la durée des services, permettra au patron de profiter du travail de l'employé, et à l'employé de vivre de son travail pendant ces délais.

Je règlemente ces délais en augmentant un peu leur durée sur la moyenne des opinions déjà citées, de manière à ce qu'on puisse l'appliquer partout uniformément sans en venir aux procès et aux frais.

Je considère que c'est la moralisation des rapports des parties en présence, et la conciliation probable dans un grand nombre de cas — l'apaisement et la rareté des conflits.

Pour l'établir, je prends pour type, l'employé de la deuxième catégorie, c'est-à-dire, l'employé à l'année tel qu'il a été défini et qui représente la moyenne courante et sérieuse de ceux qui louent leurs services.

Et je formule cette solution de la manière suivante :

« Je suppose le cas d'un employé qui a rempli conve-
« nablement ses fonctions, et d'un patron qui veut renon-
« cer aux services de cet employé pour des raisons qui
« ne sont pas arbitraires (discussions futiles, excèdent
« de personnel, changement de commerce, etc., etc.).

« Le devoir du patron, en pareil cas, est de permettre
« à l'employé de ne pas rester sans place pendant un
« certain temps, soit en le faisant travailler, soit en lui
« payant la compensation. Je fixe ce délai *à deux mois*
« *à partir du moment quel qu'il soit où le patron voudra*
« *rompre.*

« Pendant ce délai, l'employé aura la faculté de rester
« au service de son patron et aura le temps nécessaire
« pour trouver un autre emploi (1). S'il le trouve avant
« l'expiration des deux mois, il sera libre de quitter son
« patron qui lui règlera, *au jour du départ*, le salaire
« complet du travail fourni. S'il quitte par caprice, ses

---

(1) Il sera accordé par le patron et à son choix, d'après les exigences du travail, une ou deux heures par jour à l'employé pour qu'il puisse chercher son nouvel emploi — ou bien encore un jour par semaine.

« appointements seuls, seront réglés, au jour du départ
« Si le patron veut congédier son employé de suite, il
« pourra le faire en payant le salaire intégral de l'employé
« pour ces *deux mois* de préavis.

« Quel que soit le moment, avant l'expiration de ce
« ce délai, où le patron voudra rompre le contrat, il
« devra toujours ajouter au montant du travail fourni
« jusqu'au départ, la somme nécessaire pour compléter
« le salaire des *deux mois*.

« Il est bien entendu qu'il s'agit de tout ce que gagne
« habituellement l'employé.

« Et si l'employé était nourri et logé, comme le cas
« peut se présenter, il recevrait une indemnité de nour-
« riture et de logement qu'on peut évaluer à un mini-
« mum de 80 francs par mois pour les employés des
« 2e, 3e et 4e catégories. Pour ceux de la 1re catégorie,
« l'indemnité serait de 200 fr.

« *Inversement*, c'est-à-dire le cas d'un employé qui n'a
« pas à se plaindre de son patron, mais qui a des motifs
« légitimes de cesser ses services (discussions futiles,
« raisons de famille, départ de localité, changement
« correct de situation, etc., etc.).

« Le devoir de l'employé est de donner au patron le
« temps moral suffisant pour pourvoir à son rem-
« placement.

« Pour les raisons déjà données et parce qu'il est
« généralement beaucoup plus facile à un patron de
« trouver un employé qu'à un employé de trouver une
« place, je fixe de ce côté le délai de préavis *à un mois*
« *à partir du moment quel qu'il soit où l'employé voudra*
« *rompre.*

« Pendant ce délai, l'employé restera à son travail,
« continuera ses services comme par le passé et recevra
« son salaire complet habituel.

« S'il veut partir de suite, il devra à son patron, si
« celui-ci l'exige, *un mois* de salaire intégral.

« Quel que soit le moment, avant l'expiration de ce
« délai, où l'employé voudra rompre, il devra toujours
« compléter le paiement de *ce mois* de préavis.

« Afin que ces clauses soient bien exécutées et que le
« patron ne soit pas lésé dans ses droits, il pourrait
« intervenir un accord au moment de l'engagement
« entre parties, stipulant que l'employé laissera men-
« suellement une certaine partie de ses appointements
« à titre de garantie.

« Si le patron congédie l'employé immédiatement ou
« avant la fin du délai de préavis, par caprice ou arbi-
« traire, le patron sera tenu de régler *ce mois* à l'employé,
« car il ne pourrait s'en prendre qu'à lui-même s'il perd
« le travail offert par l'employé et s'il l'empêche de tenir
« ses obligations. »

Les *éléments éventuels du salaire* de l'employé, en
dehors des appointements fixes, seront réglés sur ceux
du mois correspondant de l'année précédente, si c'est la
première année de services (1), ou sur la moyenne des
années précédentes, pour les services dépassant une
année, et par intervalles de cinq ans.

Envisageant la bonne foi des parties en présence, les
rapports des commis et des patrons pendant les délais
de préavis, ne doivent pas cesser d'être corrects sous
tous les rapports, sinon la conciliation pourrait être
compromise.

L'employé avisé ou qui a prévenu doit se conduire
loyalement jusqu'à l'expiration des délais prévus et tenir
en bon ordre les affaires qui lui sont confiées.

Le patron ne doit rien faire pour que l'employé se

---

(1) Le type modèle est l'employé à l'année ayant au moins un an de
services.

considère comme de trop dans la maison et puisse se trouver dans la nécessité de quitter avant le délai fixé.

Le patron devra délivrer à l'employé *un certificat* constatant la durée des services.

— Voilà donc une règle permettant de rompre le contrat de louage, dictée, je le répète, par le bon sens et l'équité, ayant pour point de départ des cas normaux et simples. Elle ne s'écarte guère des principes adoptés par la Jurisprudence ; mais elle est fixe et précise.

Rien n'empêche de l'adopter partout pour un grand nombre de cas, ou du moins de s'en inspirer lorsqu'il n'y aura pas de contrat comme aussi de l'introduire dans les engagements écrits dès l'entrée en rapports.

La loi de 1890 serait appliquée dans sa véritable interprétation et si les procès n'étaient pas évités complètement, les Tribunaux, quels qu'ils fussent, ne contesteraient jamais la validité d'une convention ainsi rédigée.

Il me reste à établir, d'après ce type modèle, les délais-congés pour les catégories d'employés que j'ai formées, car, mon but est d'éviter les litiges et leurs conséquences pour toute l'échelle des employés et commis, quelle que soit leur importance.

1ʳᵉ Catégorie. — Employés intéressés

Ayant fixé le délai de préavis à deux mois pour l'employé et un mois pour le patron, en ce qui concerne la 2ᵉ catégorie, il me paraît juste de décider que pour la 1ʳᵉ catégorie, qui comprend les employés supérieurs, directeurs d'usines, fondés de pouvoirs, commis-intéressés, etc., le délai de préavis sera de :

Quatre mois de la part du patron,
Deux mois de la part de l'employé,

à partir du moment, quel qu'il soit, où le congé est signifié.

Pendant ces délais, les droits et devoirs de chaque partie seront les mêmes que ceux indiqués pour la 1ʳᵉ catégorie (1).

Il est vrai que ces employés supérieurs s'engagent très souvent avec des contrats ; mais il était bon, dans mon petit ouvrage, de prévoir le cas où les contrats n'existeraient pas, et je crois sincèrement que les principes exposés dans la 1ʳᵉ partie, aussi bien que les règles fixées seront d'une utilité sérieuse à l'avenir, pour la rédaction des contrats, aux patrons et aux employés.

3ᵐᵉ Catégorie. — Employés au mois

Pour cette catégorie, les délais seront :

Six semaines de la part du patron,

Trois semaines de la part de l'employé,

à partir du moment, quel qu'il soit, où le congé est signifié

Pendant ces délais, les droits et devoirs seront aussi les mêmes que pour les deux premières catégories; mais les *salaires éventuels*, en dehors des appointements fixes, seraient réglés, pour la rupture, d'après la moyenne des mois précédents, pendant la première année, et d'après le mois correspondant de l'année précédente, après la première année.

Cette règle s'appliquera, d'après la Jurisprudence, aussi bien aux employés qui sont appointés *à la semaine ou à la quinzaine*, lorsque ces employés auront trois

---

(1) A partir de la *dixième année* de services, j'indique que ces délais pourraient être portés respectivement a *six mois* et a *trois mois*, de même pour la 2ᵉ catégorie à *trois mois et un mois et demi*.

mois de services dans une maison et rentreront ainsi dans la catégorie des *employés au mois*.

4me Catégorie.
Employés à l'essai ou de passage

Malgré la dénomination de cette catégorie et la définition qui pourraient laisser croire que, pour une période relativement courte, le délai congé n'est pas nécessaire, je me suis refusé à admettre qu'un employé serait moins qu'un domestique auquel, on le sait, on donne un minimum de *huit jours*.

Il faut prévoir aussi le cas où c'est l'employé qui donne congé à son patron, quoique ce dernier soit content de ses services.

Donc, pour cette catégorie, j'ai pensé bien faire en divisant ainsi le délai-congé :

Pendant le premier mois :

Huit jours de délai réciproques (égalité exceptionnelle).

Pendant le second mois :

Quinze jours de la part du patron.
Huit jours de la part de l'employé.

Les *salaires éventuels* seraient réglés d'après la moyenne d'une huitaine.

Exception seule serait faite pour les employés qui auraient loué leurs services à *la huitaine* ou *à quinzaine* et qui rompraient pendant ces délais. Il est évident que dans ce cas, il n'y aurait aucun préjudice pour les intéressés, le délai de l'engagement tenant lieu de délai-congé. C'est un petit engagement à durée déterminée. On appelle aussi cet engagement l'*affûtage*.

Voici donc le tableau qu'il y a lieu d'établir pour la rupture du contrat de louage de services entre Patrons et Employés :

1re Catégorie
Employés supérieurs et intéressés

Quatre mois de préavis de la part du patron.
Deux mois de préavis de la part de l'employé.

2me Catégorie. — Employés à l'année

Deux mois de préavis de la part du patron.
Un mois de préavis de la part de l'employé.

3me Catégorie. — Employés au mois

Six semaines de préavis de la part du patron.
Trois semaines de préavis de la part de l'employé.

4me Catégorie. — Employés de passage à l'essai engagés par mois

Huit jours de préavis réciproques pendant le premier mois.
Quinze jours de préavis de la part du patron pendant le deuxième mois.
Huit jours de préavis de la part de l'employé pendant le deuxième mois.

Pour *toutes les catégories* les délais partent du jour où le congé est régulièrement signifié.

Les patrons et employés devront signifier les congés par lettre recommandée ou par acte extra-judiciaire.

Pour les associations en noms collectifs, la lettre de congé devra être signée par tous les associés ou par une signature engageant la collectivité.

Pour les sociétés anonymes, signification doit être faite en vertu d'une délibération du Conseil d'administration.

En cas de cessions de commerce ou d'associations, les successeurs ou les nouvelles raisons sociales seront astreints aux mêmes obligations que leurs prédécesseurs qui devraient les leur imposer sous peine de les supporter eux-mêmes ; de leur côté, les employés doivent continuer leurs rapports vis-à-vis des nouvelles maisons avec la même bonne foi et suivant les règles indiquées.

PROPOSITION POUR LE PRIVILÈGE DES EMPLOYÉS EN CAS DE FAILLITES OU LIQUIDATIONS JUDICIAIRES

En cas de faillites ou de liquidations judiciaires, le contrat de louage est rompu et la loi n'accorde aux commis et employés que le privilège sur le salaire échu — au jour de la déclaration. — Les employés ne reçoivent aucune compensation pour ce renvoi inopiné. (article 549, C. com.)

Cependant l'art. 550 accorde au *propriétaire de l'immeuble*, en cas de résiliation du bail, *privilège sur les loyers échus, sur celui de l'année courante et sur les dommages-intérêts éventuels qui pourraient être justifiés.*

Il y a là une inégalité flagrante qui me dispense de tout commentaire ! Loin de moi la pensée de vouloir rien enlever au droit accordé au propriétaire qui subit un préjudice réel, en cas de résiliation du bail à la suite d'une déclaration de faillite ou liquidation judiciaire ; mais l'employé n'est-il pas renvoyé brusquement par ces incidents qui ne lui sont pas imputables ? Les règles de convenances et d'usages sont elles respectées vis-à-vis de lui ? Ne subit-il pas un préjudice, l'employé qui se trouve subitement sans emploi et à qui la jurisprudence accorde le temps moral pour en trouver un autre ? N'est-il pas relativement aussi intéressant que le propriétaire ?

C'est pourquoi, convaincu qu'une réforme s'impose à ce sujet, je formule une proposition basée sur les règles déjà indiquées et assimilant à peu près les employés aux propriétaires :

— « Le jour de la déclaration de faillite ou de liqui-
« dation servira de point de départ pour le congé des
« employés qui auront droit, par catégories, au mêmes
« délais que pour les maisons en activité, c'est à dire 4
« mois, 2 mois, 6 semaines, etc. de préavis ou plutôt de
« compensation.

« *Le mois commencé sera payé intégralement et privi-*
« *légié* en ce qui concerne les appointements (les autres
« éléments de ressources n'existant plus). *Le restant du*
« *délai de préavis* constituera une créance ordinaire pour
« laquelle les employés seront portés au bilan au même
« titre que les autres créanciers.

« Dans les cas où les syndics ou liquidateurs conser-
« veraient les employés pour continuer leurs services, il
« n'y aurait plus lieu à privilège : les employés seraient
« exactement dans les cas normaux et ils seraient payés
« pendant les délais de préavis connus et suivant les
« règles énumérées. »

Rien n'empêche nos législateurs de remédier dans une plus large mesure à ce que je considère comme une injustice sociale.

CONCLUSION

J'ignore si le but que j'ai poursuivi sera atteint. Quoiqu'il en soit, j'ai cherché à aplanir les difficultés entre patrons et employés en leur présentant une étude approfondie que je crois utile. Si les principes exposés, les règles et solutions formulées ne peuvent pas être appliqués entièrement, j'espère que les Tribunaux les apprécieront dans une certaine mesure, et que des autorités plus grandes viendront perfectionner cet essai!

J'ai voulu être le médiateur possible dans un grand nombre de cas et faire de la conciliation en évitant les frais et les ennuis à tous.

Dans cet ordre d'idées, je recommande aux parties intéressées, si ma solution ne remplit pas toutes les conditions pratiques, de soumettre leurs difficultés à des arbitrages.

Enfin, je renouvelle le désir sincère de voir créer un Conseil de Prudhommes, spécial aux différends des patrons et employés, pour le cas où la conciliation serait impossible.

AVIGNON

IMPRIMERIE ADMINISTRATIVE EUG. MILLO

74, Rue Carreterie, 74